AF221722

Impressum
Verlag: BABADADA GmbH, Nedderfeld 112 , 22529 Hamburg
Geschäftsführer / Verlagsleitung: Harald Hof
Druck: Books on Demand GmbH, In de Tarpen 42, 22848 Norderstedt

Imprint
Publisher: BABADADA GmbH, Nedderfeld 112 , 22529 Hamburg, Germany
Managing Director / Publishing direction: Harald Hof
Print: Books on Demand GmbH, In de Tarpen 42, 22848 Norderstedt

škola
學校

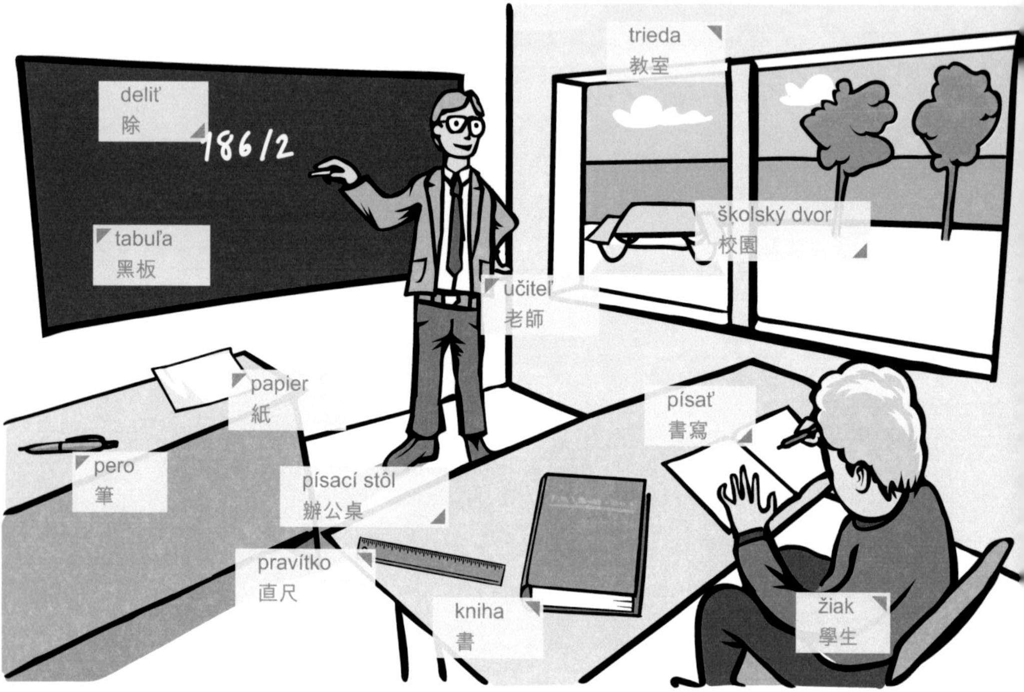

trieda
教室
deliť
除
186/2
tabuľa
黑板
školský dvor
校園
učiteľ
老師
papier
紙
písať
書寫
pero
筆
písací stôl
辦公桌
pravítko
直尺
kniha
書
žiak
學生

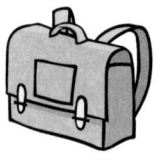

školská taška

書包

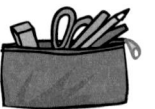

peračník

鉛筆盒

ceruza

鉛筆

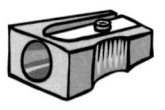

strúhadlo na ceruzky

削鉛筆機

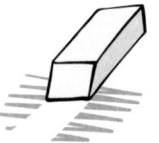

guma

橡皮擦

skicár

畫板

kresba

圖畫

štetec

畫筆

vodové farby

顏料盒

nožnice

剪刀

lepidlo

膠水

cvičný zošit

練習冊

domáca úloha

家庭作業

číslo

數字

2+2

sčítať

加

5-2

odčítať

減

násobiť

乘

počítať

計算

A

písmeno

字母

ABCDEFG
HIJKLMN
OPQRSTU
VWXYZ

abeceda

字母表

slovo

字

text

課文

čítať

讀

krieda

粉筆

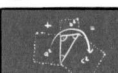

hodina

上課

triedna kniha

登記

skúška

考試

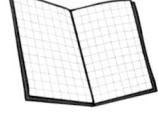

certifikát

證書

školská uniforma

校服

vzdelanie

教育

encyklopédia

百科全書

univerzita

大學

mikroskop

顯微鏡

mapa

地圖

kôš na papier

廢紙簍

cesta
旅行

hotel
飯店
Grand
nocľaháreň
青年旅社
ROOMS
EXCHANGE
zmenáreň
外幣兌換處
kufor
手提箱
auto
汽車

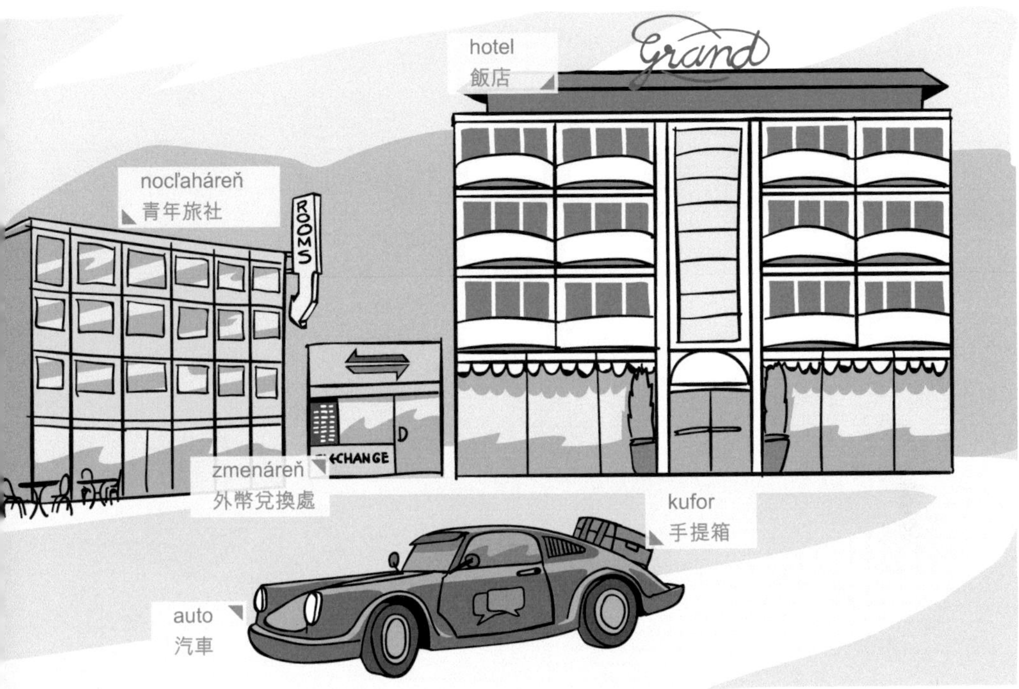

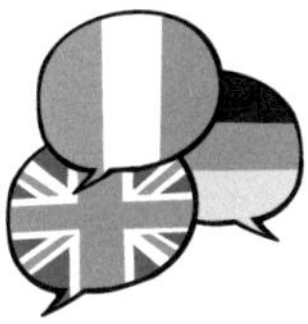

jazyk
語言

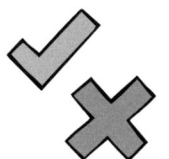

áno/nie
是/否

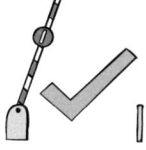

v poriadku
好的

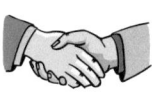

ahoj
您好

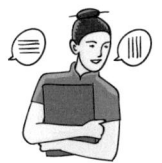

prekladateľ
翻譯人員

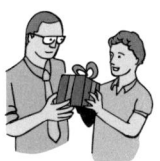

ďakujem
謝謝

Koľko stojí ... ?

......多少錢？

Nerozumiem

我不明白

problém

問題

Dobrý večer!

晚上好！

Dobré ráno!

早上好！

Dobrú noc!

晚安！

Dovidenia

再見

smer

方向

batožina

行李

taška

包

batoh

背包

hosť

客人

izba

房間

spacák

睡袋

stan

帳篷

informácie pre turistov

旅行資訊

pláž

海灘

kreditná karta

信用卡

raňajky

早餐

obed

午餐

večera

晚餐

cestovný lístok

票

výťah

電梯

poštová známka

郵票

hranica

邊界

clo

海關

veľvyslanectvo

大使館

vízum

簽證

cestovný pas

護照

doprava
交通運送

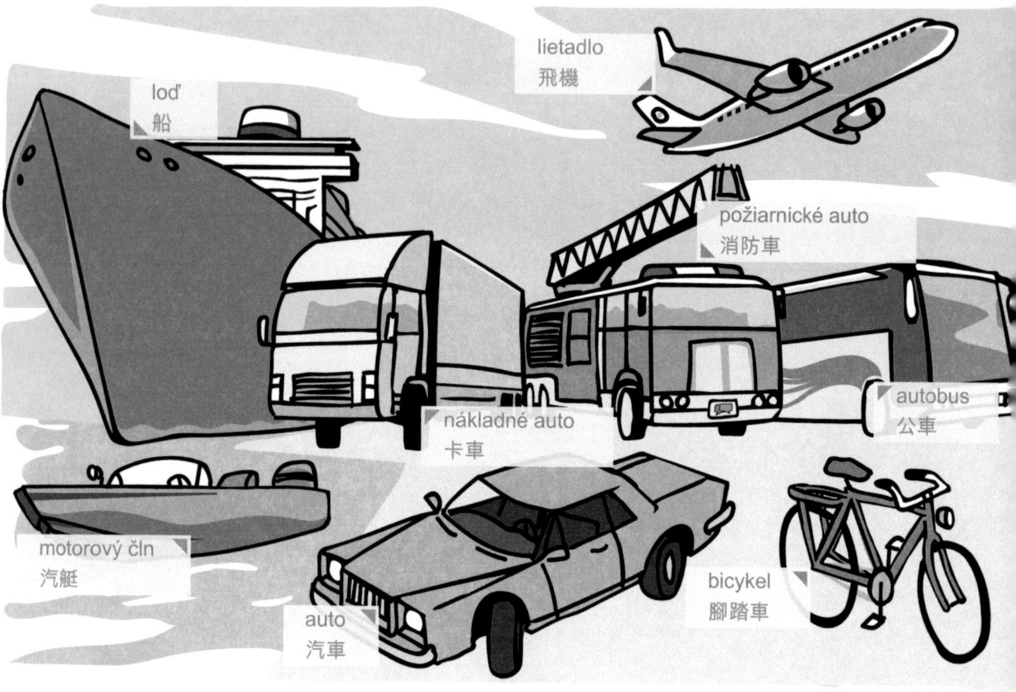

loď
船
lietadlo
飛機
požiarnické auto
消防車
nákladné auto
卡車
autobus
公車
motorový čln
汽艇
bicykel
腳踏車
auto
汽車

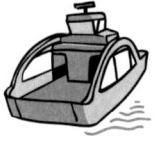

trajekt

渡輪

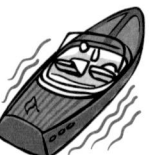

loď

小船

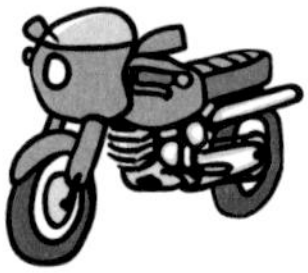

motorka

機車

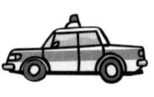

policajné auto

警車

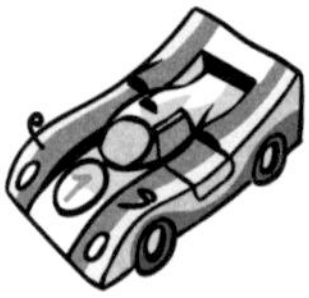

pretekárske auto

賽車

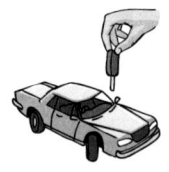

vozidlo z požičovne

租車

carsharing

拼車

odťahové auto

拖車

smetiarske auto

垃圾車

motor

馬達

benzín

汽油

čerpacia stanica

加油站

dopravná značka

交通標識

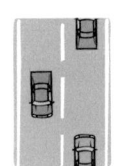

premávka

交通

zápcha

交通堵塞

parkovisko

停車場

vlaková stanica

火車站

trate

軌道

vlak

火車

električka

路面電車

vagón

客車廂

helikoptéra

直升機

letisko

機場

veža

塔

pasažier

乘客

kontajner

集裝箱

kartón

紙板箱

vozík

手推車

kôš

籃子

štartovať / pristáť

起飛/降落

mesto

城市

dedina

村莊

centrum mesta

市中心

dom

房子

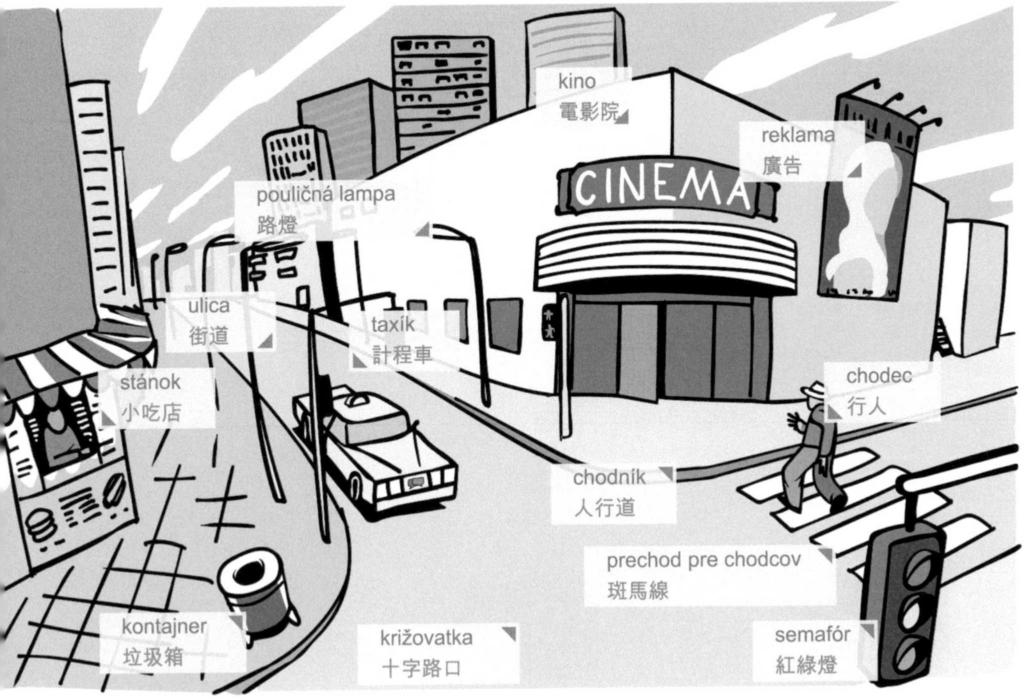

kino
電影院

reklama
廣告

pouličná lampa
路燈

CINEMA

ulica
街道

taxík
計程車

stánok
小吃店

chodec
行人

chodník
人行道

prechod pre chodcov
斑馬線

kontajner
垃圾箱

križovatka
十字路口

semafór
紅綠燈

chata

小屋

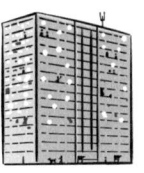

byt

公寓

vlaková stanica

火車站

radnica

市政廳

múzeum

博物館

škola

學校

mesto - 城市

univerzita

大學

banka

銀行

nemocnica

醫院

hotel

飯店

lekáreň

藥房

kancelária

辦公室

kníhkupectvo

書店

obchod

商店

kvetinárstvo

花店

supermarket

超市

trh

市場

obchodný dom

百貨商店

obchodník s rybami

魚店

nákupné stredisko

購物中心

prístav

海港

park

公園

lavička

長凳

most

橋

schody

樓梯

metro

捷運

tunel

隧道

autobusová zastávka

公車站

bar

酒吧

reštaurácia

餐館

poštová schránka

郵筒

tabuľa s názvom ulice

路標

parkovacie hodiny

停車計時器

ZOO

動物園

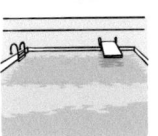

plaváreň

游泳池

mešita

清真寺

farma

農場

znečisťovanie životného prostredia

污染

cintorín

墓地

kostol

教堂

ihrisko

操場

chrám

寺廟

terén

地形

list
樹葉

smerová tabuľa
指示牌

cesta
路

lúka
草地

kameň
石頭

turista
徒步旅行者

strom
樹

rieka
河

tráva
草

kvet
花

dolina

峽谷

kopec

丘陵

jazero

湖

les

森林

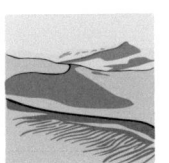

púšť

沙漠

vulkán

火山

zámok

城堡

dúha

彩虹

hríb

蘑菇

palma

棕櫚樹

komár

蚊子

mucha

蒼蠅

mravec

螞蟻

včela

蜜蜂

pavúk

蜘蛛

chrobák

甲蟲

žaba

青蛙

veverička

松鼠

jež

刺蝟

zajac

野兔

sova

貓頭鷹

vták

鳥

labuť

天鵝

diviak

野豬

jeleň

鹿

los

麋鹿

hrádza

水壩

veterná turbína

風力發電機

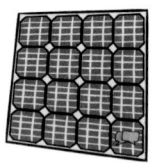

solárny panel

太陽能電池板

podnebie

氣候

reštaurácia
餐館

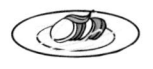

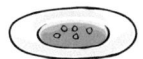

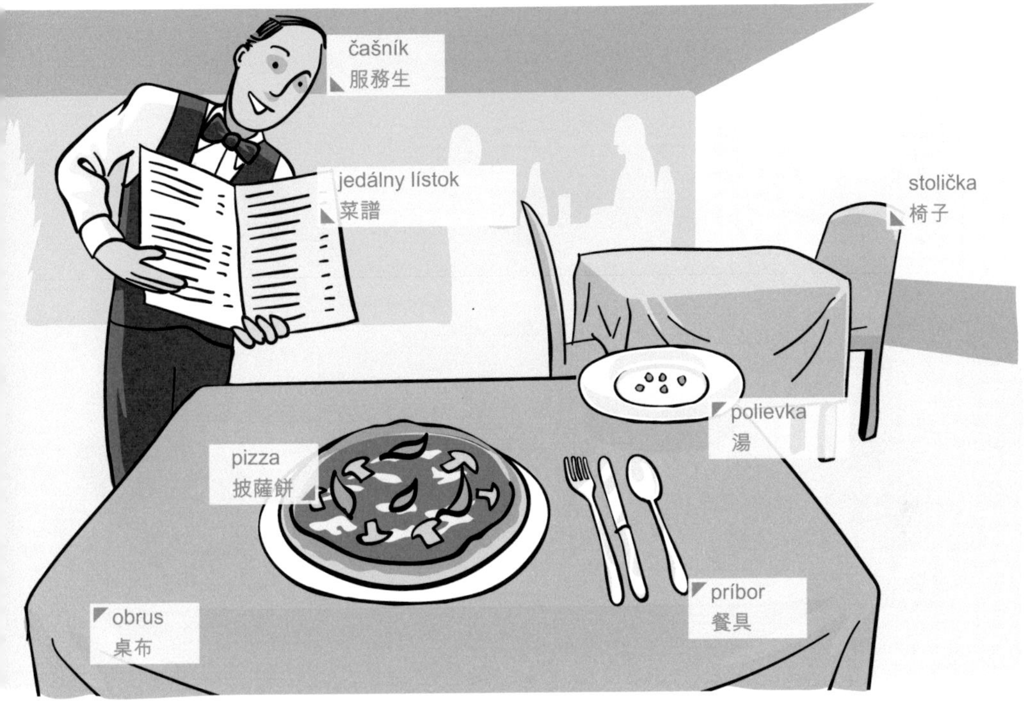
čašník
服務生
jedálny lístok
菜譜
stolička
椅子
polievka
湯
pizza
披薩餅
príbor
餐具
obrus
桌布

predjedlo

前菜

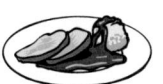

hlavné jedlo

主菜

zákusok

甜點

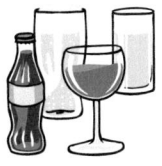

nápoje

飲料

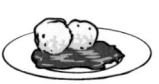

jedlo

食物

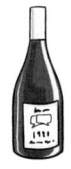

fľaša

瓶子

fast-food

速食

street food

街邊小吃

kanvica na čaj

茶壺

cukornička

糖盒

porcia

一份飯菜

stroj na espresso

義式咖啡機

detská stolička

高腳椅

účet

帳單

podnos

托盤

nôž

刀

vidlička

餐叉

lyžica

勺子

čajová lyžička

茶匙

obrúsok

餐巾

pohár

玻璃杯

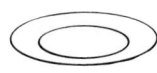

tanier

碟子

hlboký tanier

湯盤

podšálka

碟子

omáčka

醬

soľnička

鹽瓶

mlynček na korenie

胡椒研磨罐

ocot

醋

olej

食用油

korenie

調味料

kečup

番茄醬

horčica

芥末

majonéza

美乃滋

supermarket
超市

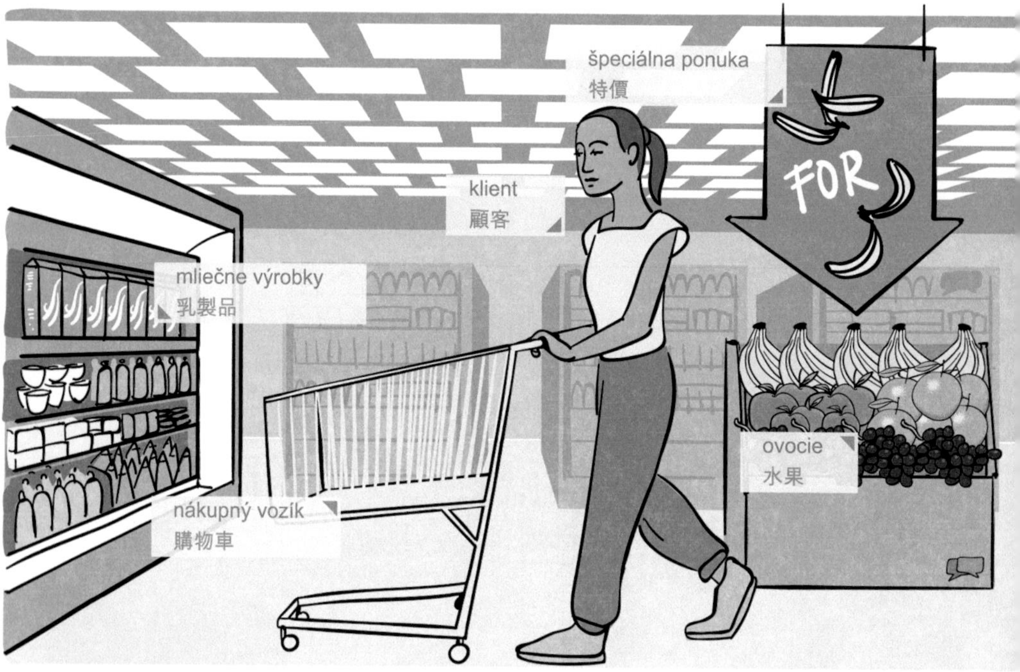

špeciálna ponuka
特價
FOR
klient
顧客
mliečne výrobky
乳製品
ovocie
水果
nákupný vozík
購物車

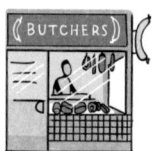

BUTCHERS

mäsiarstvo

肉鋪

BAKERY

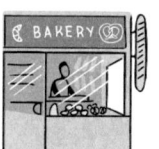

pekáreň

麵包店

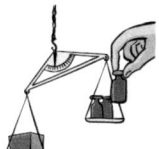

vážiť

稱重

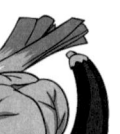

zelenina

蔬菜

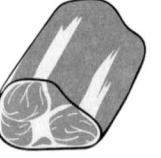

mäso

肉

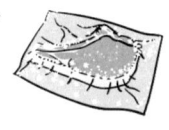

mrazené potraviny

冷凍食品

nárez

冷盤

konzervy

罐頭食品

prací prostriedok

洗衣粉

sladkosti

甜食

domáce potreby

日用品

čistiace prostriedky

清潔用品

predavačka

銷售員

pokladňa

收銀機

pokladník

收銀員

nákupný zoznam

購物清單

otváracie hodiny

開放時間

peňaženka

錢包

kreditná karta

信用卡

taška

袋子

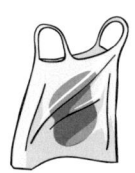

plastové vrecko

塑膠袋

voda

水

džús

果汁

mlieko

牛奶

kola

可樂

víno

紅酒

pivo

啤酒

alkohol

酒

kakao

可可

čaj

茶

káva

咖啡

espresso

義式濃縮咖啡

kapučíno

卡布奇諾

banán

香蕉

jablko

蘋果

pomaranč

柳丁

melón

西瓜

citrón

檸檬

mrkva

胡蘿蔔

cesnak

大蒜

bambus

竹子

cibuľa

洋蔥

hríb

蘑菇

orechy

堅果

rezance

麵條

špagety

義大利麵

ryža

米飯

šalát

沙拉

hranolky

薯條

pečené zemiaky

炸馬鈴薯

pizza

披薩餅

hamburger

漢堡

obložený chlebík

三明治

rezeň

炸豬排

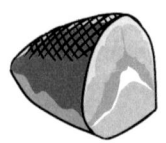

šunka

火腿

saláma

義大利臘腸

klobása

香腸

kurča

雞肉

pečené mäso

烤肉

ryba

魚

ovsené vločky

燕麥片

müsli

木斯里

kukuričné lupienky

玉米片

múka

麵粉

croissant

牛角麵包

pečivo

麵包捲

chlieb

麵包

hrianka

吐司

sušienky

餅乾

maslo

奶油

tvaroh

凝乳

koláč

蛋糕

vajce

蛋

volské oko

煎蛋

syr

起司

zmrzlina

冰淇淋

cukor

糖

med

蜂蜜

lekvár

果醬

nugátová nátierka

巧克力醬

karí korenie

咖哩

farma
農場

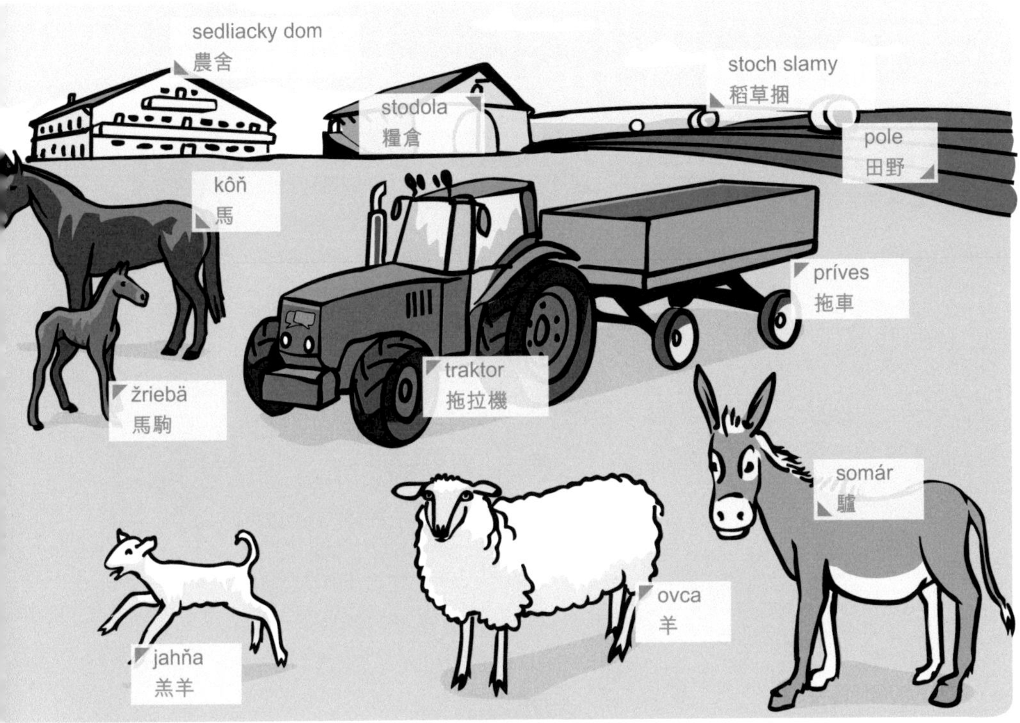
sedliacky dom
農舍
stodola
糧倉
stoch slamy
稻草捆
pole
田野
kôň
馬
príves
拖車
traktor
拖拉機
žriebä
馬駒
somár
驢
ovca
羊
jahňa
羔羊

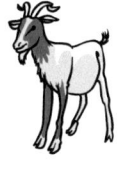

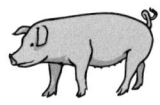

koza

山羊

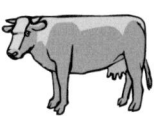

krava

奶牛

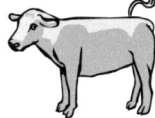

teľa

小牛

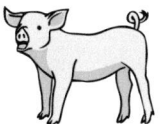

prasa

豬

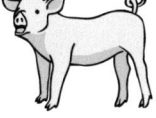

prasiatko

小豬

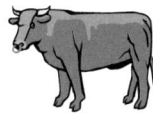

býk

公牛

hus

鵝

kačica

鴨

kuriatko

小雞

sliepka

母雞

kohút

公雞

potkan

鼠

mačka

貓

myš

老鼠

vôl

牛

pes

狗

psia búda

狗屋

záhradná hadica

花園澆水軟管

krhla

澆水壺

kosa

長柄大鐮刀

pluh

犁

kosák

鐮刀

motyka

鋤頭

vidly na hnoj

長柄草耙

sekera

斧頭

fúrik

獨輪手推車

koryto

飼料槽

kanva na mlieko

牛奶罐

vrece

麻布袋

plot

柵欄

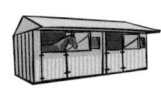

maštaľ

馬廄

skleník

溫室

pôda

土壤

osivo

種子

hnojivo

肥料

kombajn

聯合收割機

žať

收割

žatva

收割

batát

地瓜

pšenica

小麥

sója

大豆

zemiak

土豆

kukurica

玉米

repka

油菜籽

ovocný strom

果樹

maniok

樹薯

obilie

穀物

komín
煙囪

strecha
屋頂

dažďový odkvap
落水管

komín / okno
窗戶

garáž
車庫

zvonček
門鈴

dvere
門

odpadkový kôš
垃圾桶

poštová schránka
信箱

záhrada
花園

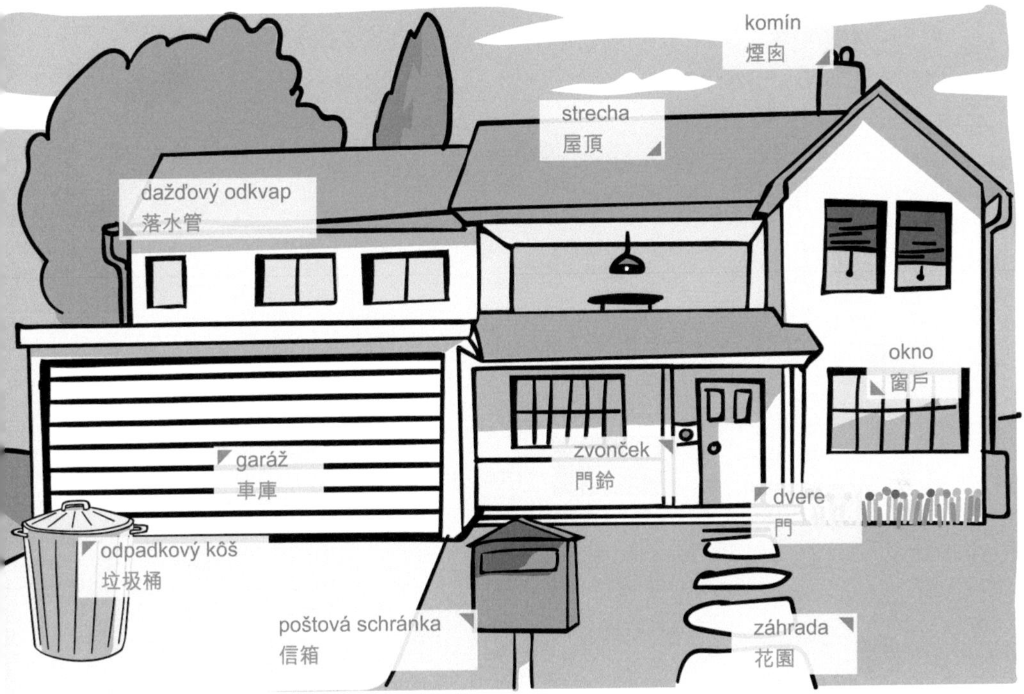

obývačka

客廳

kúpeľňa

浴室

kuchyňa

廚房

spálňa

臥室

detská izba

兒童房

jedáleň

餐廳

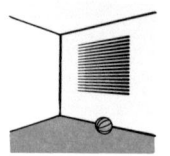

podlaha

地板

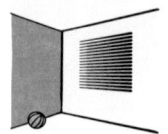

stena

牆壁

strop

天花板

pivnica

地窖

sauna

三溫暖

balkón

陽臺

terasa

露臺

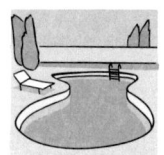

bazén

游泳池

kosačka

割草機

obliečka

被單

posteľná prikrývka

床罩

posteľ

床

metla

掃帚

vedro

水桶

vypínač

開關

obývačka
客廳

tapeta
壁紙
obraz
相片
lampa
檯燈
regál
擱架
skriňa
櫥櫃
televízor
電視
kozub
壁爐
kvet
花
vankúš
墊子
pohovka
沙發
váza
花瓶
diaľkové ovládanie
遙控器

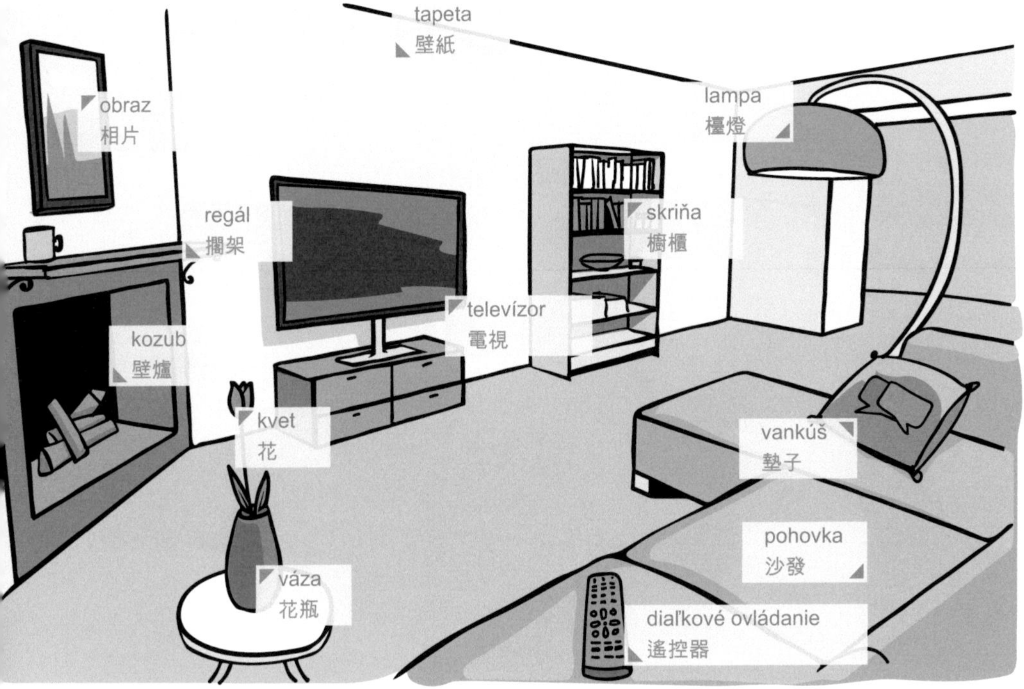

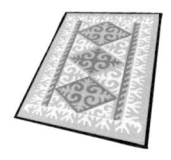

koberec

地毯

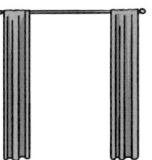

záclona

窗簾

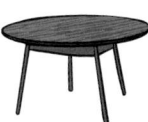

stôl

餐桌

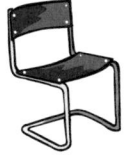

stolička

椅子

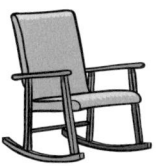

hojdacie kreslo

搖椅

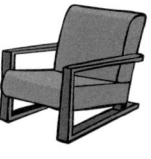

kreslo

扶手椅

kniha

書

prikrývka

毯子

dekorácia

裝飾品

drevo na kúrenie

木柴

film

電影

hi-fi veža

高傳真音響

kľúč

鑰匙

noviny

報紙

maľba

油畫

plagát

海報

rádio

收音機

zápisník

筆記本

vysávač

吸塵器

kaktus

仙人掌

sviečka

蠟燭

kuchyňa
廚房

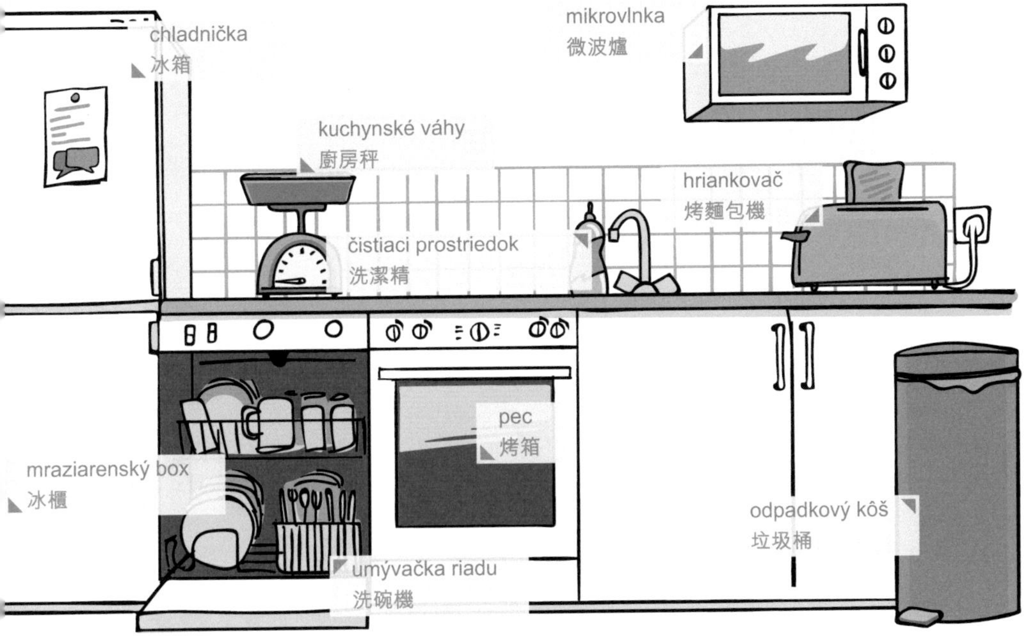
chladnička
冰箱
mikrovlnka
微波爐
kuchynské váhy
廚房秤
hriankovač
烤麵包機
čistiaci prostriedok
洗潔精
pec
烤箱
mraziarenský box
冰櫃
odpadkový kôš
垃圾桶
umývačka riadu
洗碗機

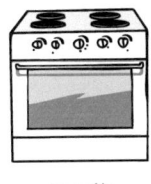

sporák
炊具

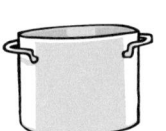

hrniec
鍋

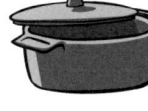

železný hrniec
鑄鐵鍋

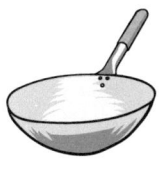

wok / kadai
炒鍋

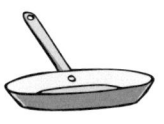

panvica
平底鍋

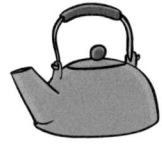

rýchlovarná kanvica
水壺

parný hrniec

蒸鍋

plech na pečenie

烤盤

riad

陶瓷鍋

pohár

馬克杯

misa

碗

paličky

筷子

naberačka na polievku

長柄勺

stierka

鏟子

metlička

攪拌器

cedidlo

濾網

sitko

篩子

strúhadlo

磨碎機

mažiar

研缽

gril

燒烤

ohnisko

明火

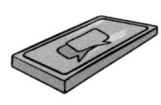

doska na krájanie

菜板

valček na cesto

擀麵杖

vývrtka

開瓶器

konzerva

罐子

otvárač na konzervy

開罐器

chňapka

隔熱手套

výlevka

水槽

kefa

刷子

hubka

海綿

mixér

攪拌機

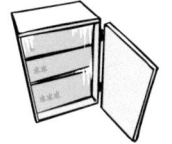

mraznička

冷藏箱

kojenecká fľaša

奶瓶

vodovodný kohútik

水龍頭

kúpeľňa

浴室

kúrenie
供暖裝置
sprcha
淋浴
uterák
毛巾
sprchový záves
浴簾
pena do kúpeľa
泡沫浴
vaňa
浴缸
pohár
玻璃杯
práčka
洗衣機
vodovodný kohútik
水龍頭
dlaždice
瓷磚
nočník
便壺
výlevka
水槽

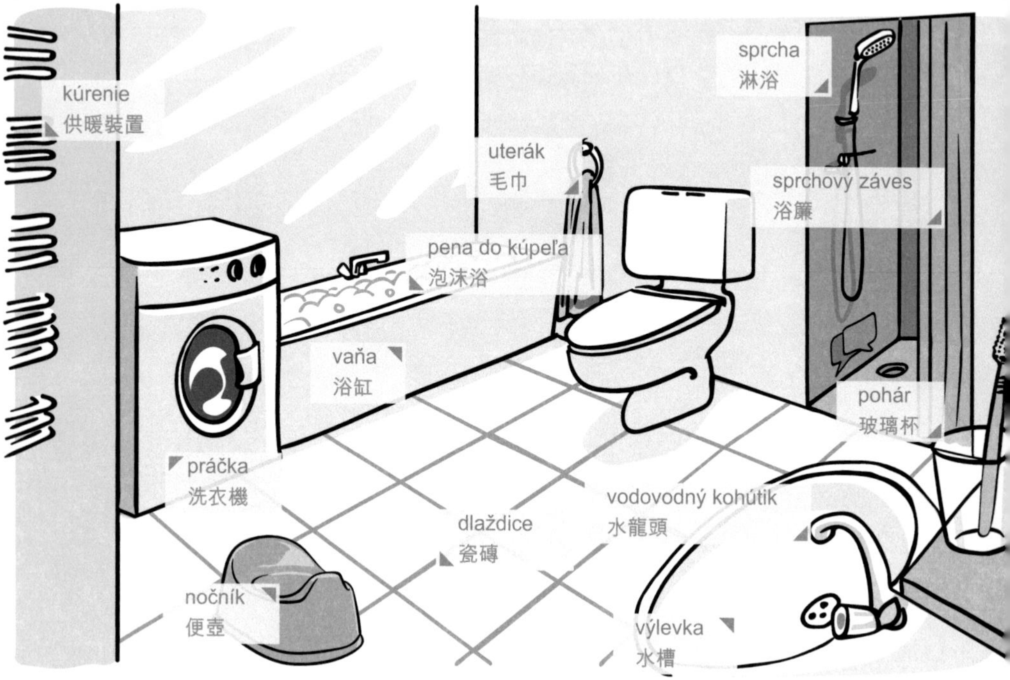

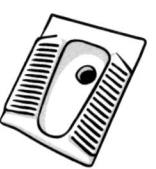

záchod
廁所

suchý záchod
蹲便器

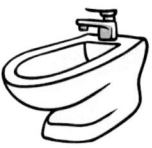

bidet
坐浴器

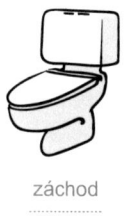

pisoár
小便斗

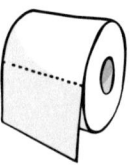

toaletný papier
廁紙

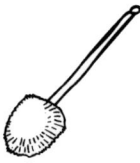

záchodová kefa
馬桶刷

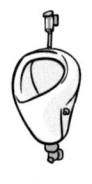

zubná kefka

牙刷

zubná pasta

牙膏

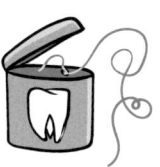

dentálna niť

牙線

umývať

洗

ručná sprcha

手持式蓮蓬頭

sprcha pre intímnu hygienu

沖洗器

umývadlo

洗臉盆

kefa na chrbát

洗背刷

mydlo

肥皂

sprchový gél

沐浴露

šampón

洗髮乳

frotírová rukavica

法蘭絨

odtok

排水

krém

乳霜

dezodorant

除臭劑

zrkadlo

鏡子

kozmetické zrkadlo

手鏡

žiletka

刮鬍刀

pena na holenie

刮鬍泡沫

voda po holení

鬍後水

hrebeň

梳子

kefa

刷子

sušič vlasov

吹風機

sprej na vlasy

噴髮定型劑

make-up

化妝品

rúž

唇膏

lak na nechty

指甲油

vata

化妝棉

nožnice na nechty

指甲剪

parfum

香水

kozmetická taška

洗漱包

stolček

凳子

váha

計重秤

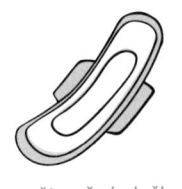

kúpací plášť

浴袍

gumové rukavice

橡膠手套

tampón

衛生棉條

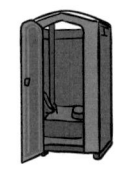

menštruačná vložka

衛生棉

chemické WC

化學廁所

detská izba
兒童房

budík
鬧鐘
plyšová hračka
毛絨玩具
hračkárske auto
玩具車
hrkálka
撥浪鼓
domček pre bábiky
玩具屋
dar
禮物

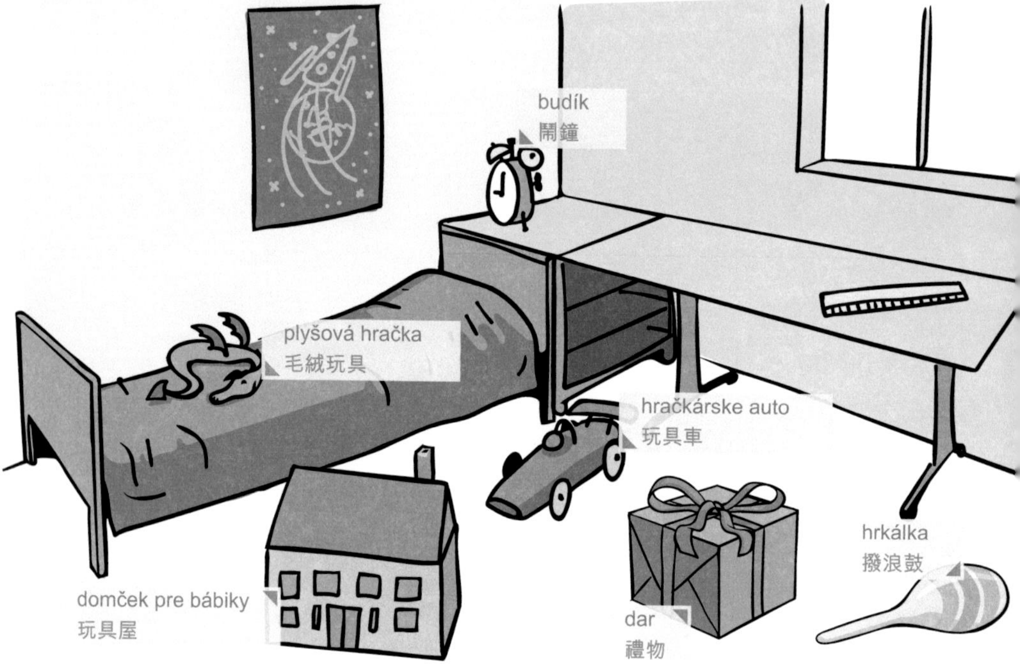

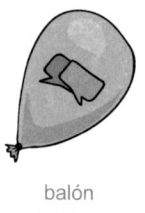

balón
氣球

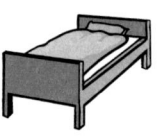

posteľ
床

detský kočík
嬰兒車

karty
撲克牌

puzzle
拼圖

SUPER MEGA

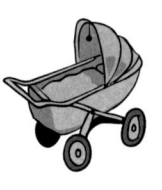

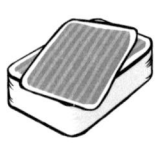

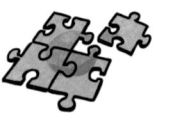

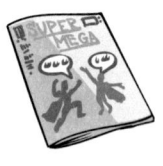

komix
漫畫

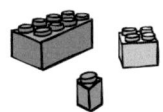

skladačka lego

樂高積木

stavebnica

積木玩具

akčná postavička

公仔

dupačky

嬰兒服

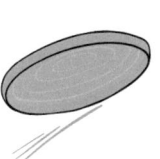

lietajúci tanier

飛盤

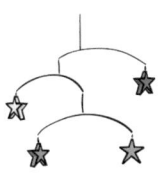

závesné hračky

床鈴玩具

stolová hra

棋盤遊戲

kocka

骰子

modelový vláčik

火車模型

cumlík

安撫奶嘴

párty

派對

obrázková kniha

繪本

lopta

球

bábika

洋娃娃

hrať sa

玩

pieskovisko

沙坑

hojdačka

鞦韆

hračky

玩具

hracia konzola

電玩遊戲

trojkolka

三輪車

medvedík

泰迪熊

šatník

衣櫃

šatstvo

衣服

ponožky

襪子

pančuchy

長襪

pančuchové nohavičky

緊身褲

šál
圍巾

dáždnik
雨傘

tričko
T恤

opasok
皮帶

papuče
拖鞋

čižmy
靴子

tenisky
運動鞋

sandále

涼鞋

topánky

鞋

gumáky

雨靴

spodky

內褲

podprsenka

胸罩

tielko

背心

šatstvo - 衣服

body

身體

nohavice

褲子

džínsy

牛仔褲

sukňa

短裙

blúzka

女式襯衫

košeľa

襯衫

pulóver

套頭衫

sveter

連帽上衣

blejzer

西裝夾克

bunda

夾克

kabát

外套

pršiplášť

雨衣

kostým

套裝

šaty

連衣裙

svadobné šaty

婚紗

oblek

西裝

nočná košeľa

睡袍

pyžamo

睡衣

sari

莎麗

šatka na hlavu

頭巾

turban

包頭巾

burka

波卡

kaftan

卡夫坦

abaja

(阿拉伯式)長袍

dvojdielne plavky

泳衣

plavky

男式泳褲

šortky

短褲

tepláková súprava

運動服

zástera

圍裙

rukavice

手套

gombík

鈕扣

okuliare

眼鏡

náramok

手鏈

retiazka

項鍊

prsteň

戒指

náušnica

耳環

čiapka

便帽

vešiak

衣架

klobúk

帽子

kravata

領帶

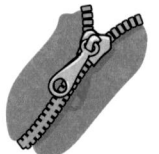

zips

拉鍊

prilba

安全帽

traky

背帶

školská uniforma

校服

uniforma

制服

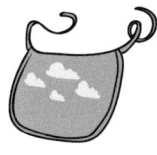

podbradník

圍兜

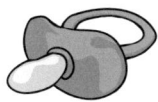

cumlík

安撫奶嘴

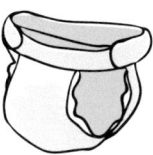

plienka

尿布

kancelária

辦公室

server
伺服器
skriňa na spisy
檔案櫃
tlačiareň
印表機
papier
紙
monitor
螢幕
myš
滑鼠
písací stôl
辦公桌
zakladač
資料夾
klávesnica
鍵盤
stolička
椅子
kôš na papier
廢紙簍
počítač
電腦

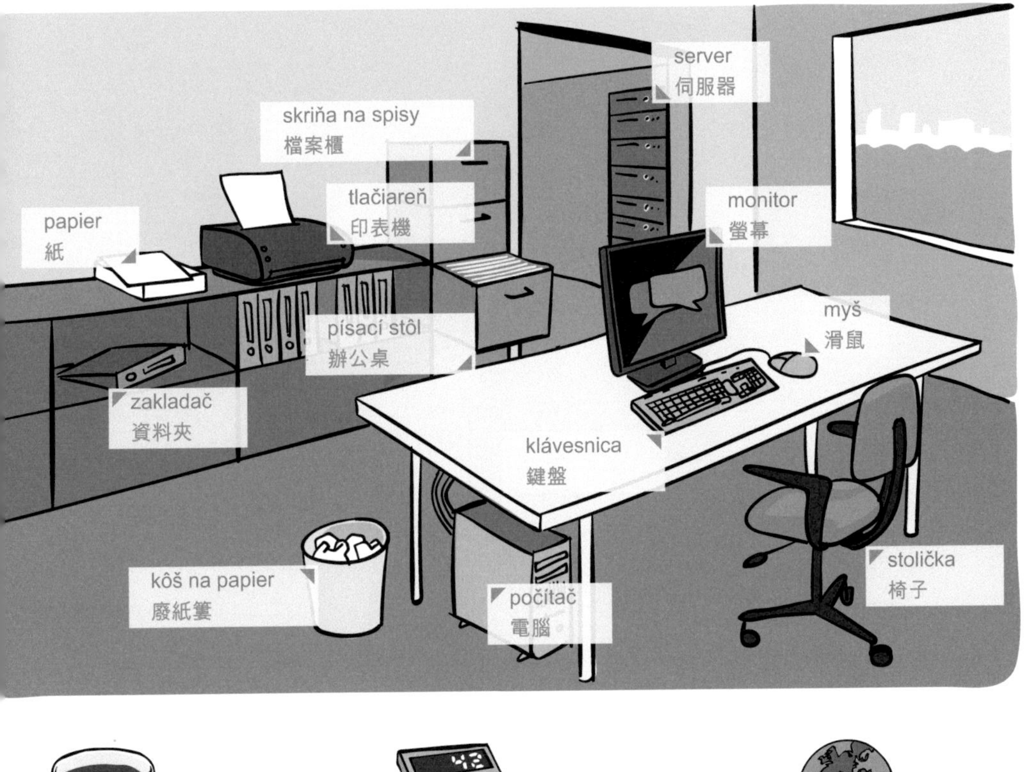

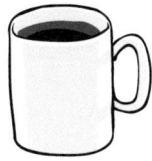

hrnček na kávu

咖啡杯

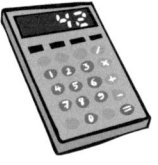

kalkulačka

計算機

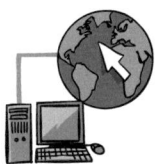

internet

網際網路

laptop

筆記型電腦

list

信件

správa

簡訊

mobil

行動電話

sieť

網路

kopírka

影印機

softvér

軟體

telefón

電話

elektrická zásuvka

插座

fax

傳真機

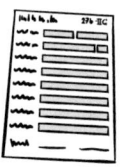

formulár

表格

doklad

檔案

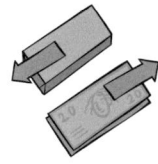

kúpiť

買

platiť

付錢

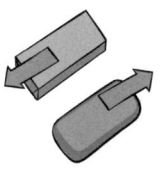

obchodovať

交易

peniaze

現金

USD

dolár

美元

EUR

euro

歐元

JPY

jen

日元

RUB

rubeľ

盧布

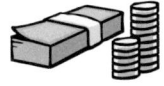
CHF

švajčiarsky frank

瑞士法郎

CNY

čínsky jüan

人民幣

INR

rupia

盧比

bankomat

提款處

zmenáreň

外幣兌換處

zlato

金

striebro

銀

ropa

石油

energia

能源

cena

價格

zmluva

合約

daň

稅金

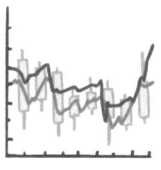

akcia

股票

pracovať

工作

zamestnanec

職員

zamestnávateľ

老闆

továreň

工廠

obchod

商店

povolania
職業

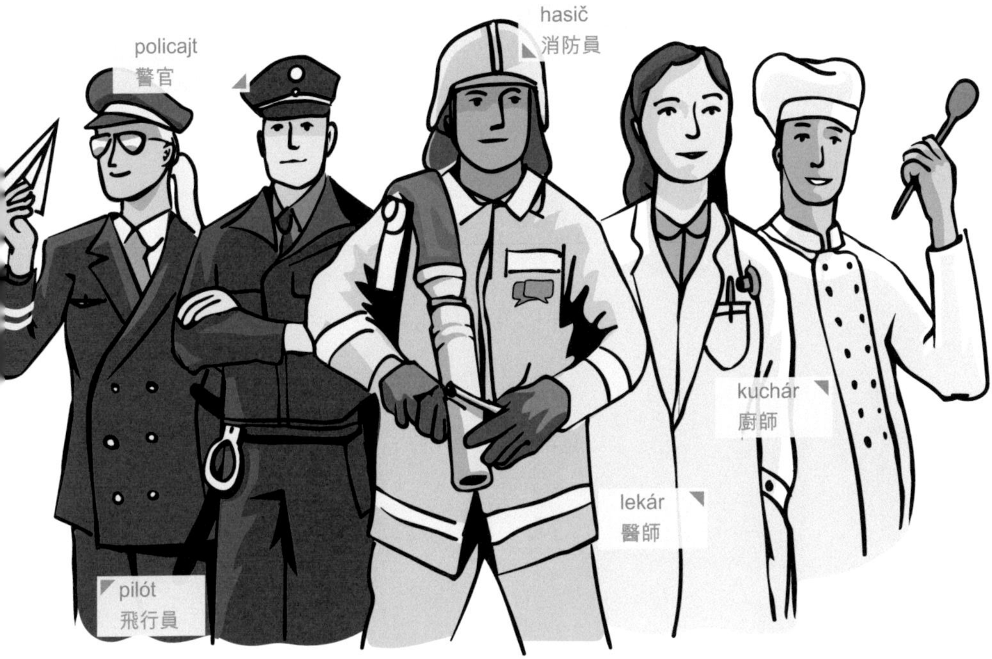

policajt
警官
hasič
消防員
kuchár
廚師
lekár
醫師
pilót
飛行員

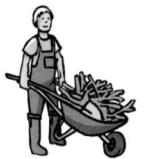

záhradník
園丁

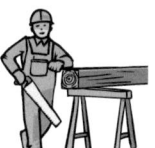

stolár
木匠

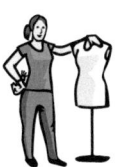

krajčírka
裁縫

sudca
法官

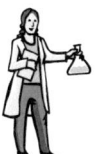

chemik
化學家

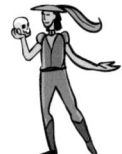

herec
演員

vodič autobusu

公車司機

taxikár

計程車司機

rybár

漁夫

upratovačka

清洗女工

pokrývač

屋頂工

čašník

服務生

poľovník

獵人

maliar

畫家

pekár

麵包師

elektrikár

電工

stavebný robotník

建築工人

inžinier

工程師

mäsiar

屠夫

klampiar

水管工

poštár

郵差

vojak

士兵

architekt

建築師

pokladník

收銀員

kvetinár

花農

kaderník

理髮師

sprievodca

售票員

mechanik

機械技師

kapitán

船長

zubár

牙醫

vedec

科學家

rabín

拉比

imám

伊瑪目

mních

和尚

farár

牧師

náradie

工具

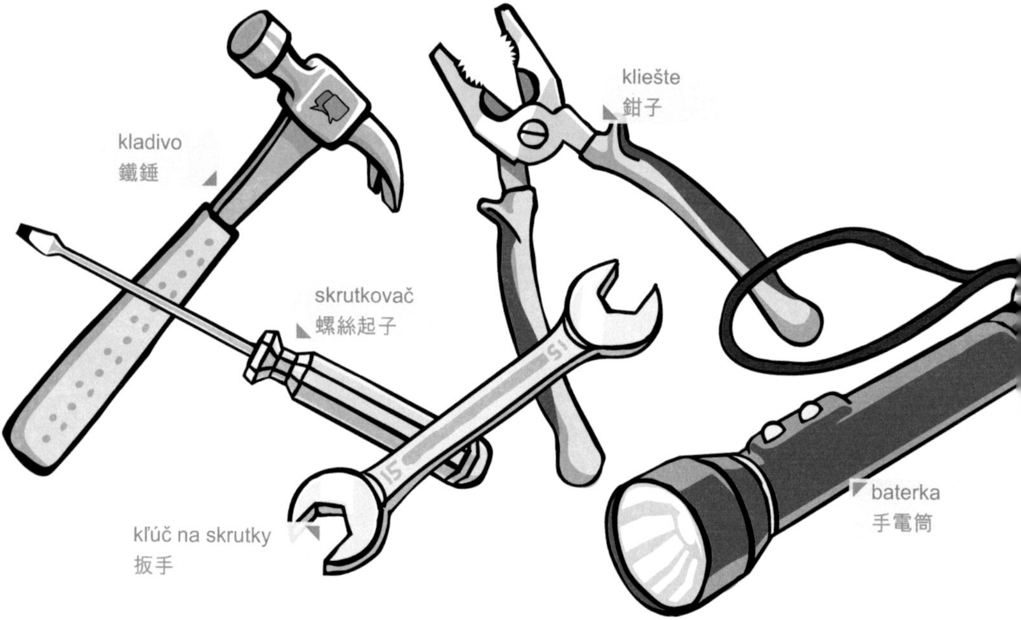
kladivo
鐵錘
kliešte
鉗子
skrutkovač
螺絲起子
kľúč na skrutky
扳手
baterka
手電筒

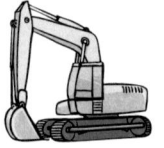

bager

挖掘機

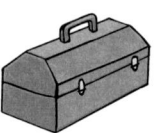

súprava náradia

工具箱

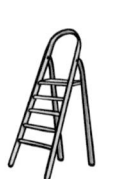

rebrík

梯子

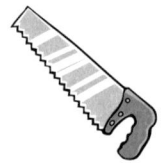

pílka

鋸子

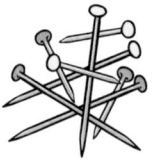

klince

釘子

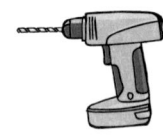

vrták

鑽機

opraviť

修

lopata

鏟子

Do čerta!

糟糕！

lopatka na smeti

畚箕

nádoba s farbou

油漆桶

skrutky

螺絲

hudobné nástroje

樂器

reproduktor
揚聲器

bicie
打擊樂器

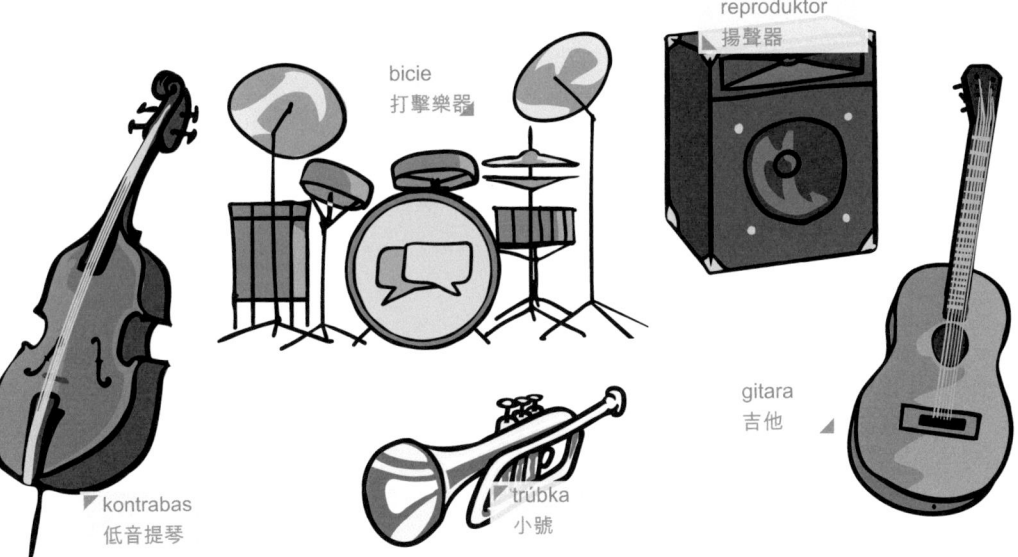

gitara
吉他

kontrabas
低音提琴

trúbka
小號

klavír

鋼琴

husle

小提琴

basa

貝斯

tympany

定音鼓

bubon

鼓

klávesnica

電子琴

saxofón

薩克斯風

flauta

長笛

mikrofón

麥克風

ZOO
動物園

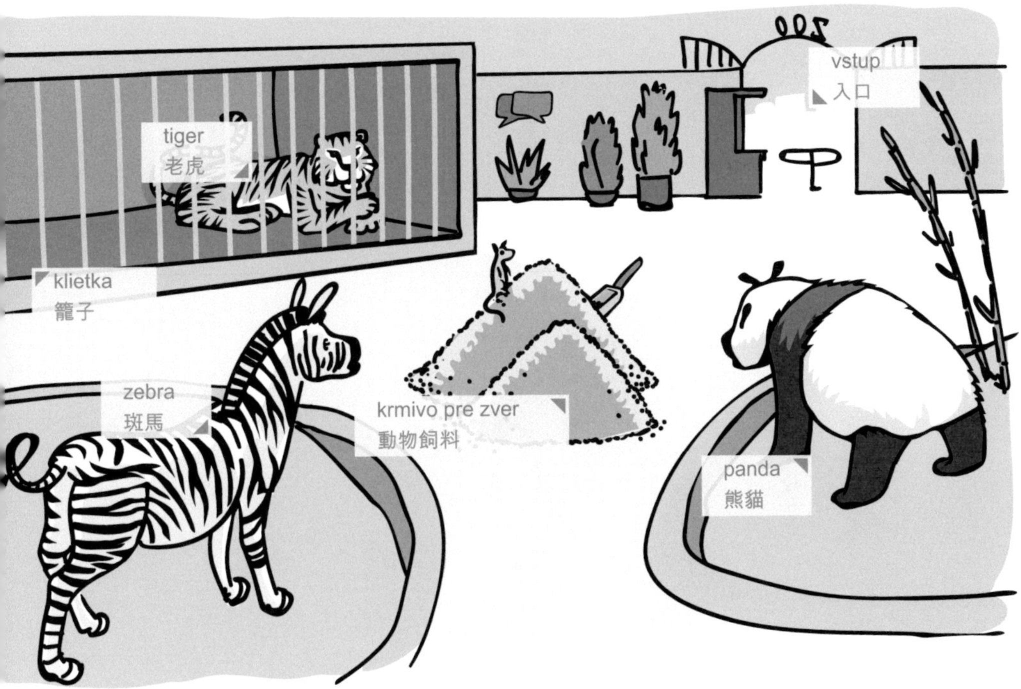

vstup
入口
tiger
老虎
klietka
籠子
zebra
斑馬
krmivo pre zver
動物飼料
panda
熊貓

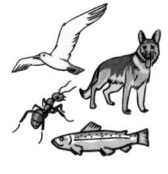

zvieratá

動物

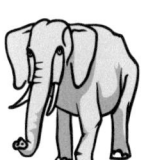

slon

大象

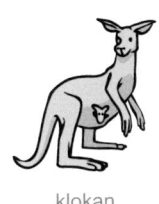

klokan

袋鼠

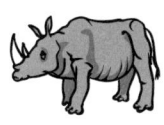

nosorožec

犀牛

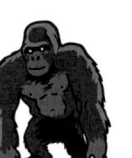

gorila

大猩猩

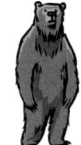

medveď

熊

ťava

駱駝

pštros

鴕鳥

lev

獅子

opica

猴子

plameniak

紅鶴

papagáj

鸚鵡

ľadový medveď

北極熊

tučniak

企鵝

žralok

鯊魚

páv

孔雀

had

蛇

krokodíl

鱷魚

ošetrovateľ v ZOO

動物園管理員

tuleň

海豹

jaguár

美洲豹

poník

矮種馬

leopard

豹

hroch

河馬

žirafa

長頸鹿

orol

老鷹

diviak

野豬

ryba

魚

korytnačka

龜

mrož

海象

líška

狐狸

gazela

羚羊

šport

體育

americký futbal
橄欖球

cyklistika
騎腳踏車

tenis
網球

basketbal
籃球

plávanie
游泳

box
拳擊

hokej
冰球

futbal
美式足球

bedminton
羽毛球

ľahká atletika
田徑

hádzaná
手球

lyžovanie
滑雪

pólo
馬球

skočiť
跳

smiať sa
笑

objať
擁抱

chodiť
走路

spievať
唱

snívať
做夢

modliť sa
祈禱

pobozkať
親吻

písať
書寫

kresliť
畫

ukázať
展示

tlačiť
推

dať
給

brať
拿

mať

有

robiť

做

byť

當

stáť

站

bežať

跑

ťahať

拉

hádzať

丟

padnúť

摔倒

ležať

躺

čakať

等待

nosiť

攜帶

sedieť

坐

obliecť sa

穿衣

spať

睡覺

zobudiť sa

醒來

pozerať

看

plakať

哭

hladkať

擊

česať

梳頭

hovoriť

交談

rozumieť

明白

pýtať sa

問

počuť

聽

piť

喝

jesť

吃

upratať

清理

milovať

愛

variť

做飯

jazdiť

開車

letieť

飛

plachtiť

航行

počítať

計算

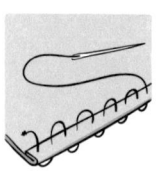

čítať

讀

učiť sa

學習

pracovať

工作

oženiť

結婚

šiť

縫

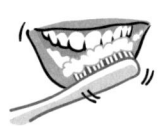

čistiť zuby

刷牙

zabiť

殺

fajčiť

抽菸

poslať

寄

rodina

家

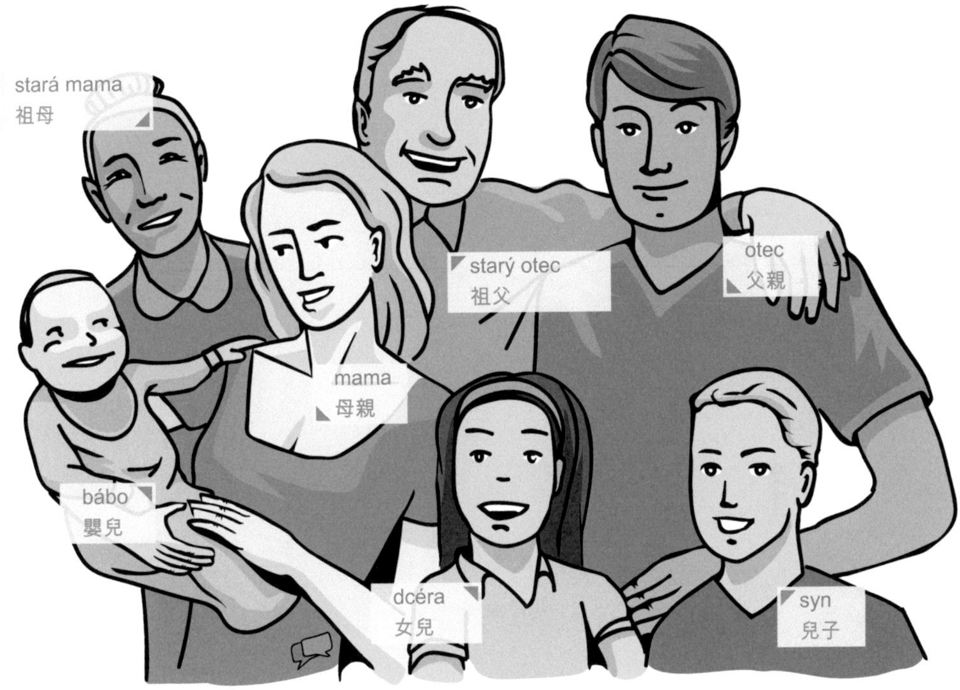
stará mama
祖母
starý otec
祖父
otec
父親
mama
母親
bábo
嬰兒
dcéra
女兒
syn
兒子

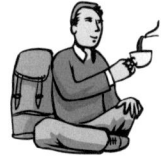

hosť

客人

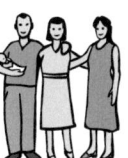

teta

阿姨

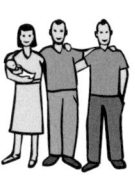

strýko

叔叔

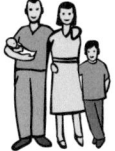

brat

兄弟

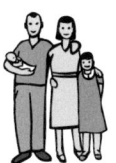

sestra

姐妹

telo
身體

čelo
前額
oko
眼睛
plece
肩膀
prst
手指
tvár
臉
brada
下巴
ruka
手
hruď
乳房
noha
腿
rameno
手臂

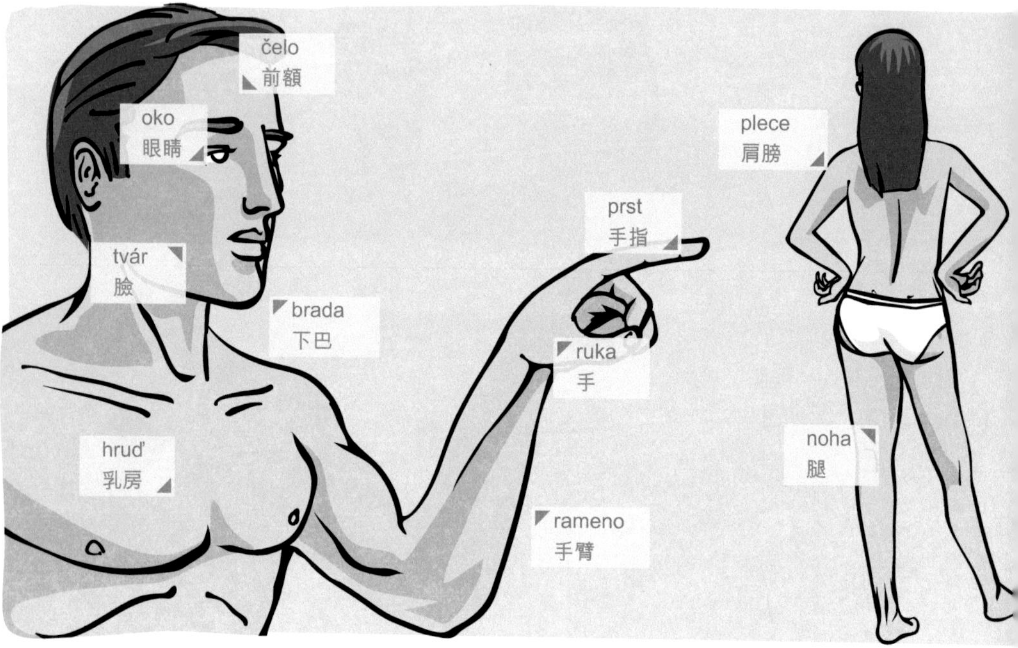

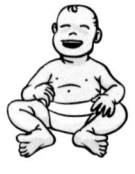

bábo
嬰兒

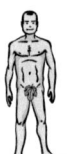

muž
男人

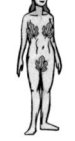

žena
女人

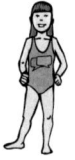

dievča
女孩

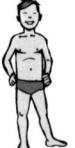

chlapec
男孩

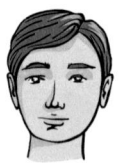

hlava
頭

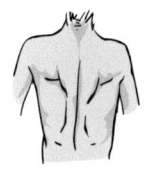

chrbát

背部

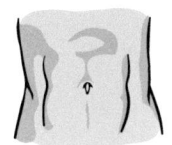

brucho

肚子

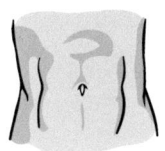

pupok

肚臍

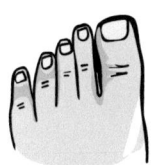

prst na nohe

腳趾

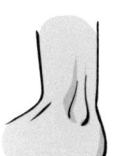

päta

腳後跟

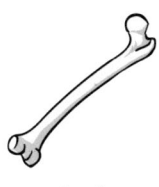

kosť

骨頭

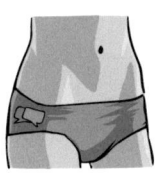

bok

臀部

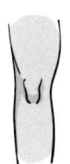

koleno

膝蓋

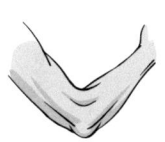

lakeť

手肘

nos

鼻子

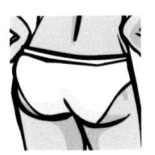

zadok

屁股

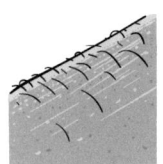

koža

皮膚

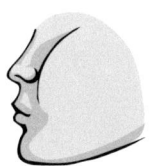

líce

臉頰

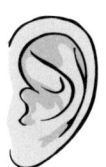

ucho

耳朵

pery

嘴唇

ústa

嘴

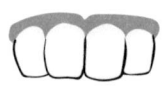

zub

牙齒

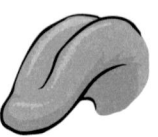

jazyk

舌頭

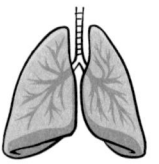

mozog

腦

srdce

心臟

svaly

肌肉

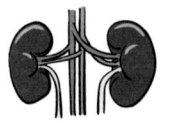

pľúca

肺

pečeň

肝臟

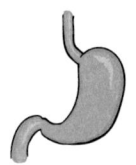

žalúdok

胃

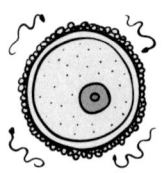

obličky

腎臟

pohlavný styk

性交

kondóm

保險套

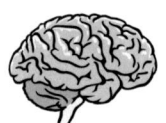

vaječná bunka

卵子

semeno

精子

tehotenstvo

懷孕

70   **telo - 身體**

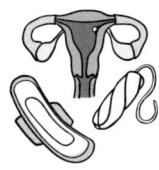

menštruácia

月事

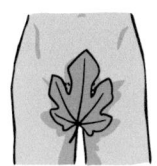

vagína

陰道

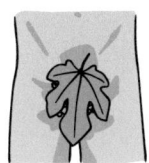

penis

陰莖

obočie

眉毛

vlasy

頭髮

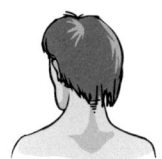

krk

脖子

nemocnica
醫院

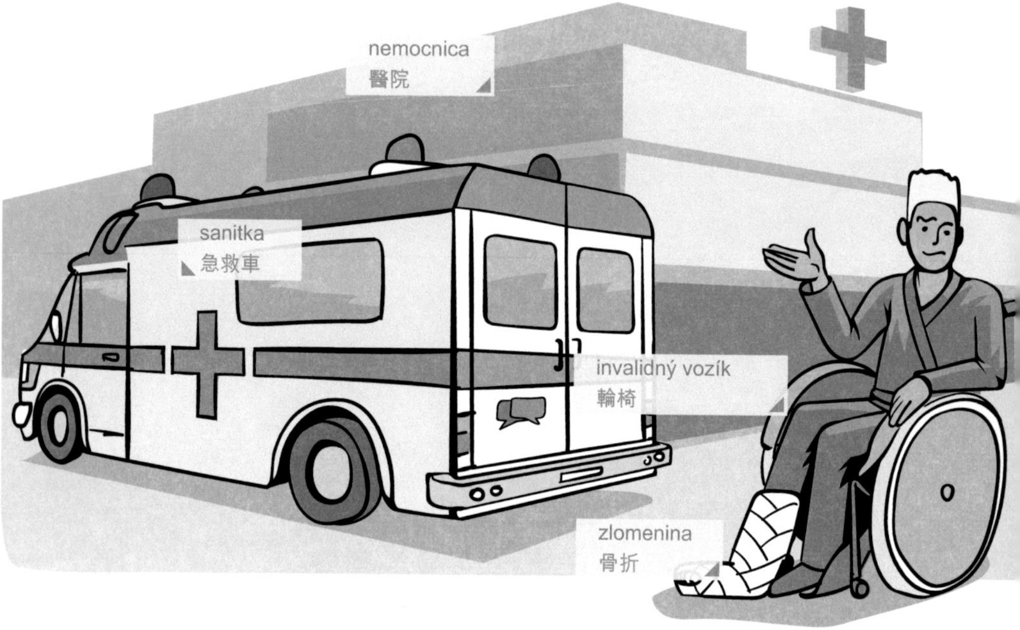

nemocnica
醫院
sanitka
急救車
invalidný vozík
輪椅
zlomenina
骨折

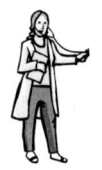

lekár

醫師

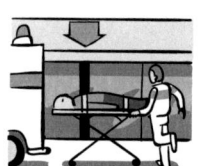

urgentný príjem

急診室

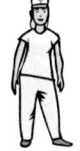

sestrička

護理師

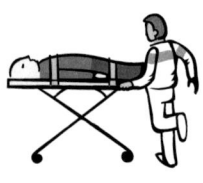

urgentný prípad

緊急情形

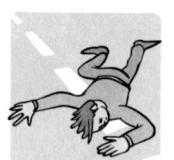

v bezvedomí

昏迷

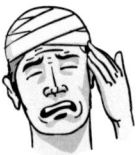

bolesť

痛

zranenie

受傷

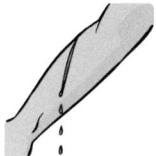

krvácanie

出血

srdcový infarkt

心臟病發作

mozgová porážka

中風

alergia

過敏

kašeľ

咳嗽

teplota

發燒

chrípka

流感

hnačka

腹瀉

bolesť hlavy

頭痛

rakovina

癌症

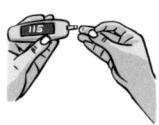

cukrovka

糖尿病

chirurg

外科醫師

skalpel

手術刀

operácia

手術

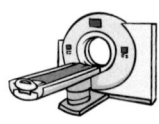

CT

電腦斷層掃描

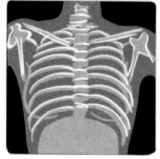

RTG

X光

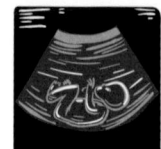

ultrazvuk

超音波

maska

口罩

choroba

疾病

čakáreň

候診室

barla

拐杖

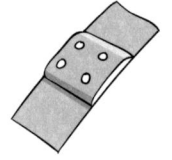

náplasť

石膏

obväz

繃帶

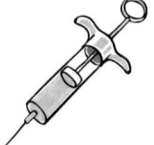

injekcia

注射

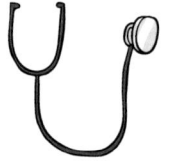

fonendoskop

聽診器

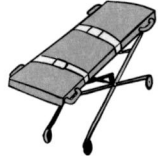

nosidlá

擔架

teplomer

體溫計

pôrod

出生

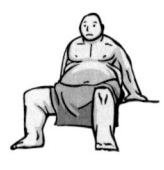

nadváha

超重

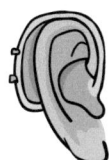

audiofón

助聽器

dezinfekčný prostriedok

消毒液

infekcia

感染

vírus

病毒

HIV / AIDS

愛滋病

medicína

藥物

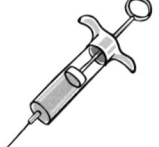

očkovanie

接種疫苗

tabletky

藥片

antikoncepčná pilulka

藥丸

tiesňové volanie

急救電話

tlakomer

血壓計

chorý / zdravý

生病/健康

Pomoc!

救命！

prepad

突擊

útok

攻擊

nebezpečenstvo

危險

núdzový východ

緊急出口

Horí!

失火了！

hasičský prístroj

滅火器

nehoda

意外

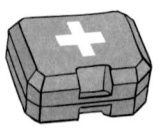

kufrík prvej pomoci

急救箱

SOS

呼救訊號

polícia

員警

Európa

歐洲

Severná Amerika

北美洲

Južná Amerika

南美洲

Afrika

非洲

Ázia

亞洲

Austrália

澳洲

Atlantický oceán

大西洋

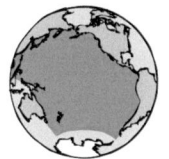

Tichý oceán

太平洋

Indický oceán

印度洋

Južný oceán

南冰洋

Severný ľadový oceán

北冰洋

Severný pól

北極

Južný pól

南極

Antarktída

南極洲

Zem

地球

krajina

陸地

more

海

ostrov

島

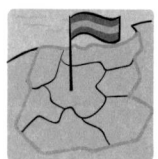

národ

國家

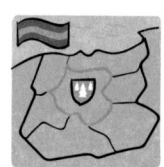

štát

州

ciferník

錶盤

hodinová ručička

時針

minútová ručička

分針

sekundová ručička

秒針

Koľko je hodín?

現在幾點？

deň

天

čas

時間

teraz

現在

digitálne hodiny

電子錶

minúta

分

hodina

時

pondelok
週一

streda
週三

piatok
週五

TU

utorok
週二

TH

sobota
週六

SA

SO

štvrtok
週四

nedeľa
週日

včera

昨天

dnes

今天

zajtra

明天

ráno

早晨

poludnie

中午

večer

晚上

pracovné dni

工作日

víkend

週末

dážď
雨

dúha
彩虹

sneh
雪

vietor
風

jar
春

jeseň
秋

leto
夏

zima
冬

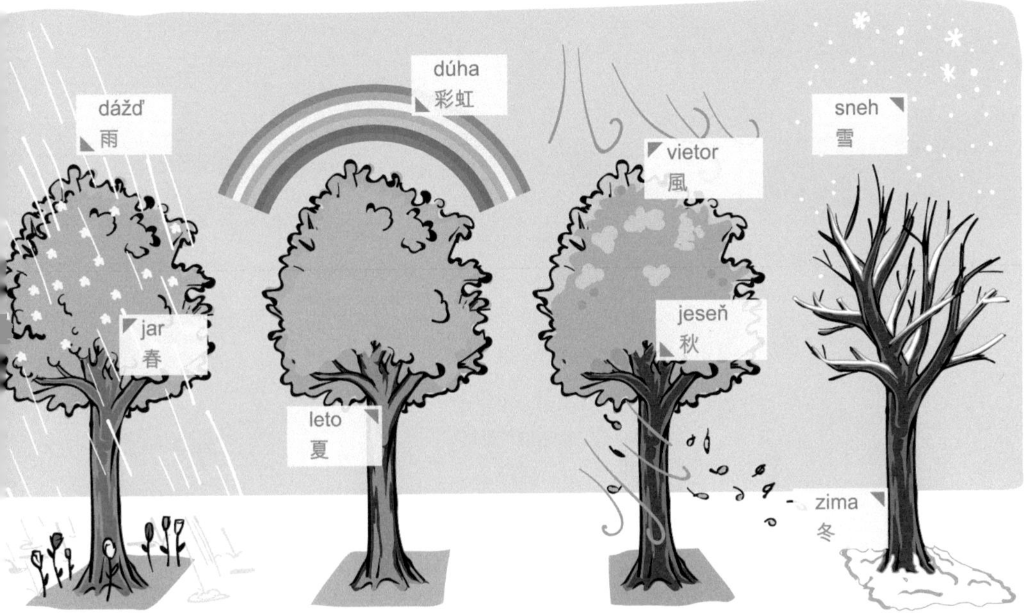

predpoveď počasia

天氣預告

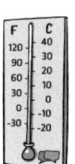

teplomer

溫度計

slnečný svit

陽光

oblak

雲

hmla

霧

vlhkosť vzduchu

潮濕

blesk

閃電

hrom

打雷

búrka

風暴

krúpy

冰雹

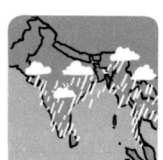

monzún

季風

záplava

洪水

ľad

冰

január

一月

február

二月

marec

三月

apríl

四月

máj

五月

jún

六月

júl

七月

august

八月

september

九月

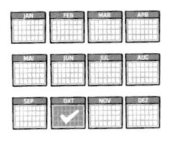

október

十月

november

十一月

december

十二月

tvary

形狀

kruh

圓形

štvorec

正方形

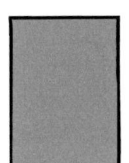

obdĺžnik

長方形

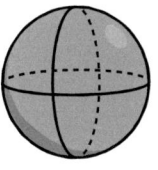

trojuholník

三角形

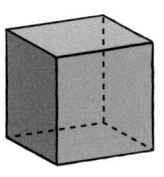

guľa

球體

kocka

立方體

biela

白

žltá

黃

oranžová

橙

ružová

粉

červená

紅

fialová

紫

modrá

藍

zelená

綠

hnedá

棕

šedá

灰

čierna

黑

veľa / málo

很多/少許

zúrivý / pokojný

生氣/平靜

pekný / škaredý

美/醜

začiatok / koniec

首/尾

veľký / malý

大/小

svetlý / tmavý

明/暗

brat / sestra

兄弟/姐妹

čistý / špinavý

乾淨/骯髒

úplný / neúplný

完整/缺失

deň / noc

白天/晚上

mŕtvy / živý

死/生

široký / úzky

寬/窄

chutný / nechutný

可食用/非食用

zlostný / láskavý

邪惡/善良

vzrušený / unudený

興奮/無聊

tlstý / chudý

胖/瘦

prvý / posledný

第一/最後

priateľ / nepriateľ

朋友/敵人

plný / prázdny

滿/空

tvrdý / mäkký

硬/軟

ťažký / ľahký

重/輕

hlad / smäd

餓/渴

chorý / zdravý

生病/健康

nelegálny / legálny

非法/合法

inteligentný / hlúpy

聰明/愚笨

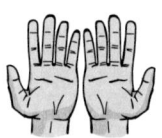

vľavo / vpravo

左/右

blízko / ďaleko

近/遠

nový / použitý

新/舊

nič / niečo

沒有/有些

starý / mladý

老/幼

zapnuté / vypnuté

開/關

otvorené / zatvorené

打開/闔上

tichý / hlasný

安靜/吵鬧

bohatý / chudobný

富/窮

správne / nesprávne

對/錯

drsný / hladký

粗糙/光滑

smutný / šťastný

傷心/高興

krátky / dlhý

短/長

pomaly / rýchlo

慢/快

mokrý / suchý

濕/乾

teplý / studený

溫暖/涼爽

vojna / mier

戰爭/和平

0

nula

零

1

jeden

一

2

dva

二

3

tri

三

4

štyri

四

5

päť

五

6

šesť

六

7

sedem

七

8

osem

八

9

deväť

九

10

desať

十

11

jedenásť

十一

12
dvanásť
十二

13
trinásť
十三

14
štrnásť
十四

15
pätnásť
十五

16
šestnásť
十六

17
sedemnásť
十七

18
osemnásť
十八

19
devätnásť
十九

20
dvadsať
二十

100
sto
百

1.000
tisíc
千

1.000.000
milión
百萬

angličtina

英語

americká angličtina

美式英語

mandarínska čínština

普通話

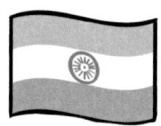

hindčina

印地語

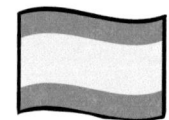

španielčina

西班牙語

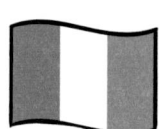

francúzština

法語

arabčina

阿拉伯語

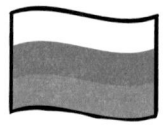

ruština

俄語

portugalčina

葡萄牙語

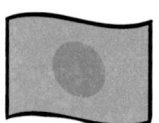

bengálčina

孟加拉語

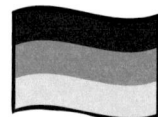

nemčina

德語

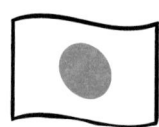

japončina

日語

ja

我

ty

你

on/ona/ono

他/她/它

my

我們

vy

你們

oni

他們

kto?

誰？

čo?

什麼？

ako?

如何？

kde?

何處？

kedy?

何時？

meno

名字

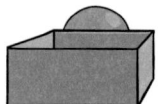

za

後面

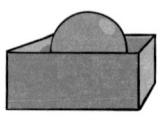

v

裡面

pred

前面

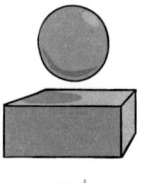

nad

上方

na

上面

pod

下麵

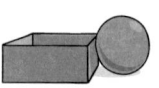

vedľa

旁邊

medzi

中間

miesto

地點